Todo sobre
las suricatas
Piper Whelan
EYEDISCOVER

Ve a www.eyediscover.com e ingresa el código único de este libro.

CÓDIGO DEL LIBRO

AVP76476

EYEDISCOVER te trae libros mejorados por multimedia que apoyan el aprendizaje activo.

Published by AV² by Weigl
350 5th Avenue, 59th Floor New York, NY 10118
Website: www.eyediscover.com

Library of Congress Control Number: 2018942811

ISBN 978-1-4896-8199-7 (hardcover)

Printed in the United States of America
in Brainerd, Minnesota
1 2 3 4 5 6 7 8 9 0 22 21 20 19 18

052018
011618

English Editor: Katie Gillespie
Spanish Editor: Ana María Vidal
Designer: Mandy Christiansen
Spanish/English Translator: Translation Services USA

Weigl acknowledges Getty Images, Alamy, Minden, Dreamstime, and Shutterstock as the primary image suppliers for this title.

EYEDISCOVER proporciona contenido enriquecido, optimizado para el uso en tabletas, que complementa este libro. Los libros de EYEDISCOVER se esfuerzan por crear un aprendizaje inspirado e involucrar a las mentes jóvenes en una experiencia de aprendizaje total.

Mira
El contenido de video da vida a cada página.

Navega
Las miniaturas simplifican la navegación.

Lee
Sigue el texto en la pantalla.

Escucha
Escucha cada página leída en voz alta.

Tu EYEDISCOVER con Seguimiento de Lectura Óptico cobra vida con...

Audio
Escucha todo el libro leído en voz alta.

Video
Los videos de alta resolución convierten cada hoja en un seguimiento de lectura óptico.

OPTIMIZADO PARA

- TABLETAS
- PIZARRAS ELECTRÓNICAS
- COMPUTADORES
- ¡Y MUCHO MÁS!

Todo sobre las suricatas

En este libro, aprenderás sobre

- **cómo se ven**
- **dónde viven**
- **qué comen**

¡y mucho más!

Las suricatas son pequeños mamíferos. Su pelaje puede ser color canela o gris.

Las suricatas viven en África. Hacen sus casas en desiertos y praderas secas.

Un grupo de suricatas se llama clan. Muchas familias de suricatas forman un clan.

Los clanes viven en madrigueras bajo la tierra. Usan túneles para pasar de una madriguera a otra.

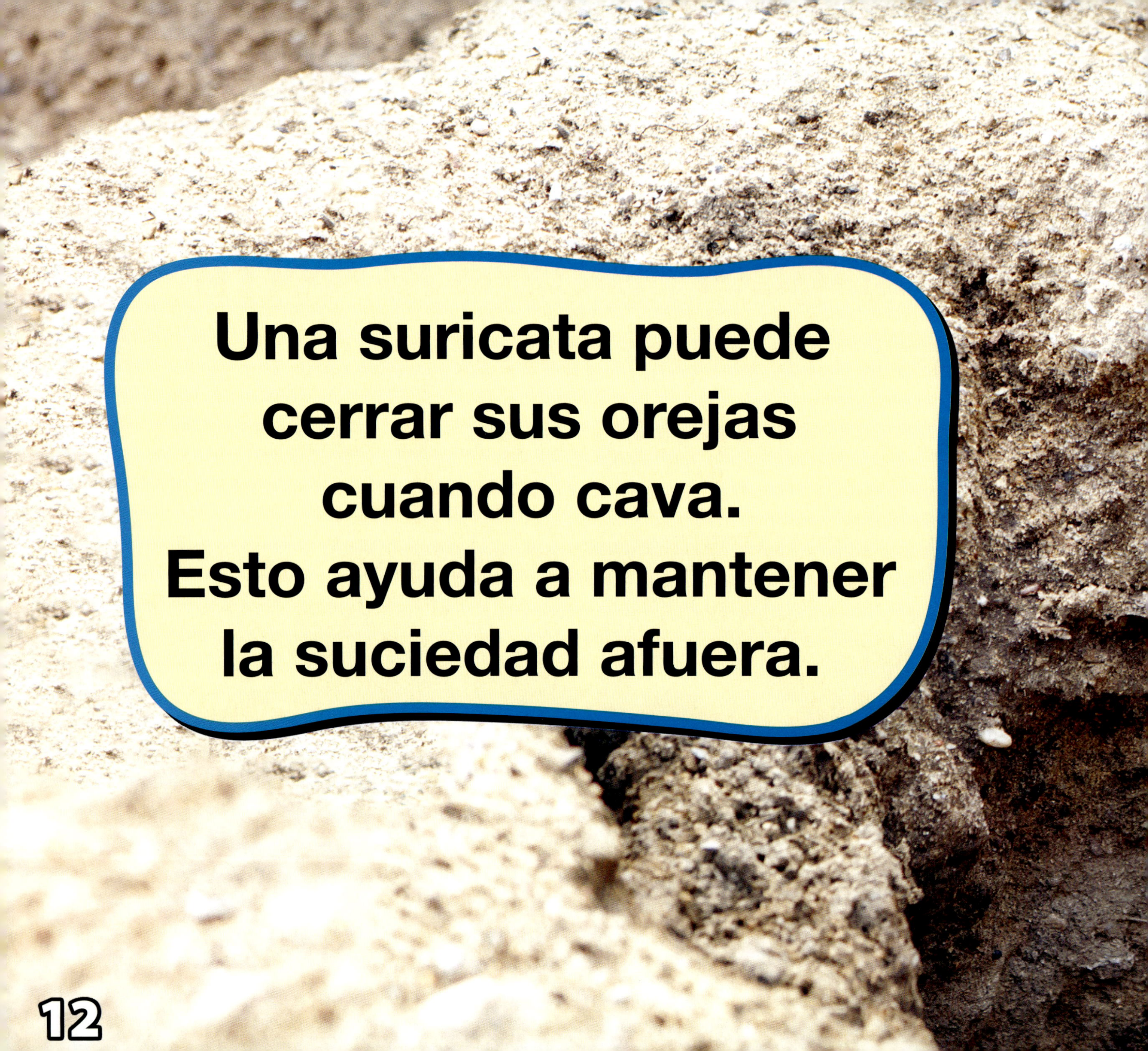

Una suricata puede cerrar sus orejas cuando cava. Esto ayuda a mantener la suciedad afuera.

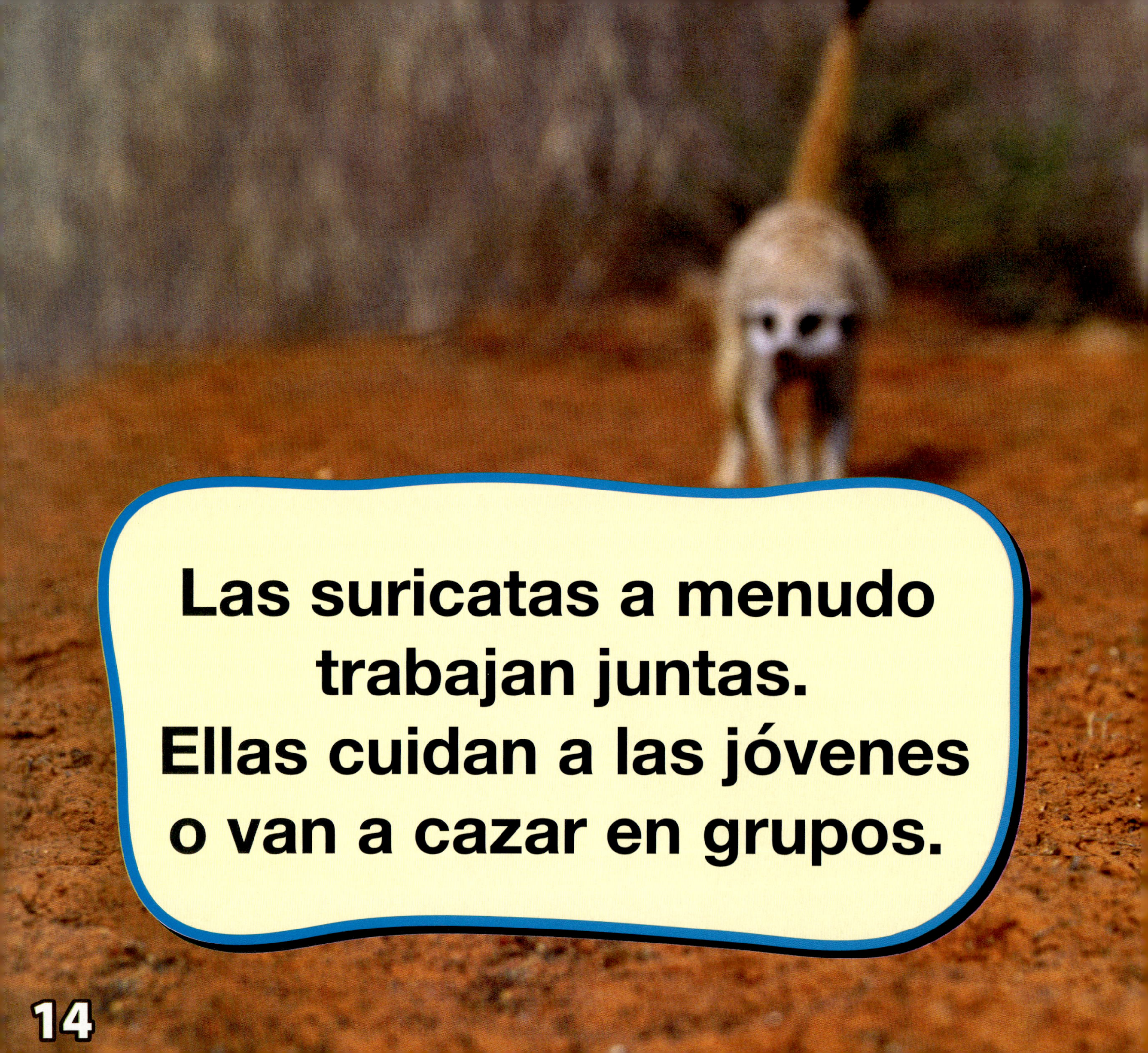

Las suricatas a menudo trabajan juntas. Ellas cuidan a las jóvenes o van a cazar en grupos.

Las suricatas comen plantas y animales. Los insectos son su alimento principal.

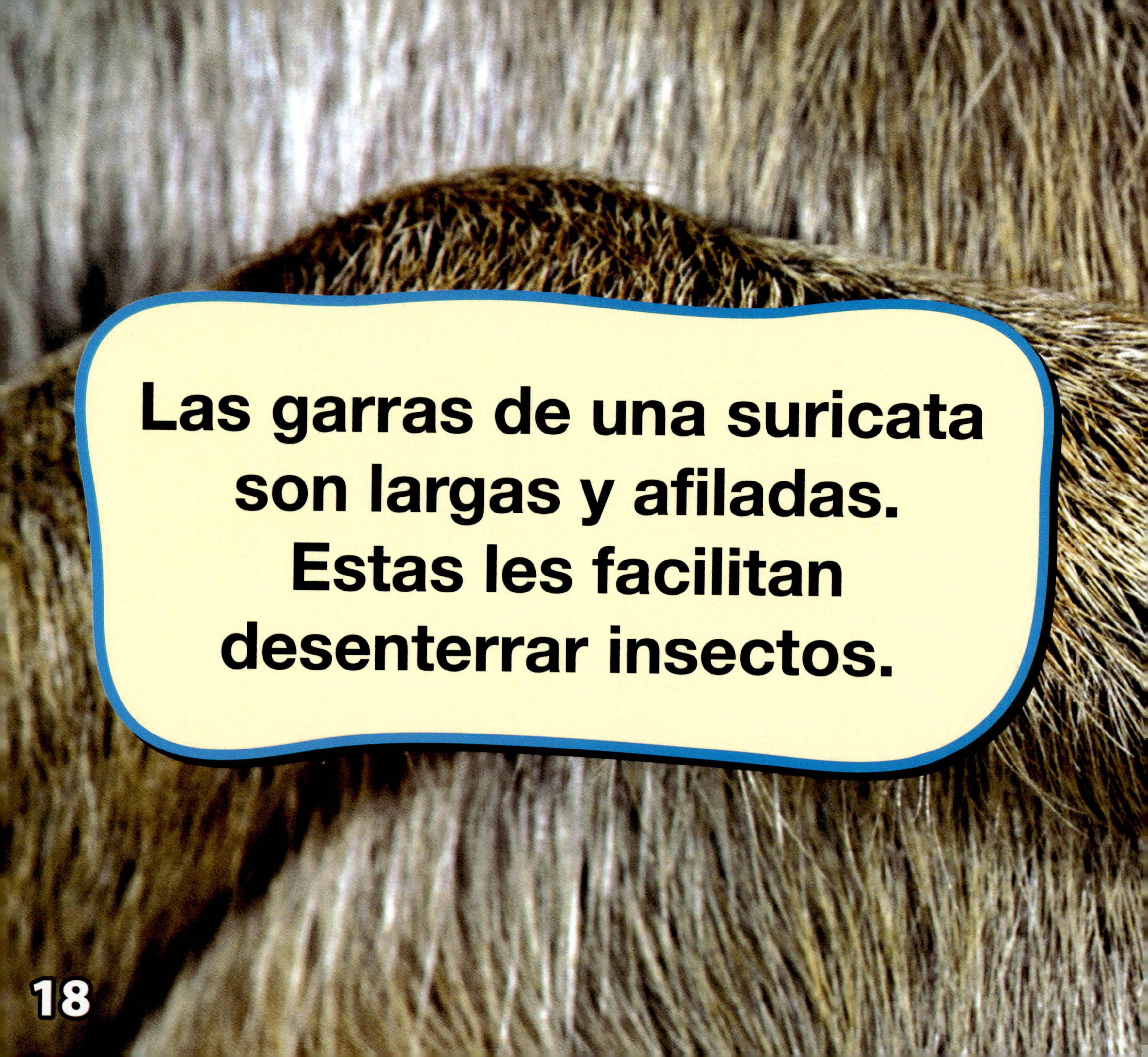

Las garras de una suricata son largas y afiladas. Estas les facilitan desenterrar insectos.

19

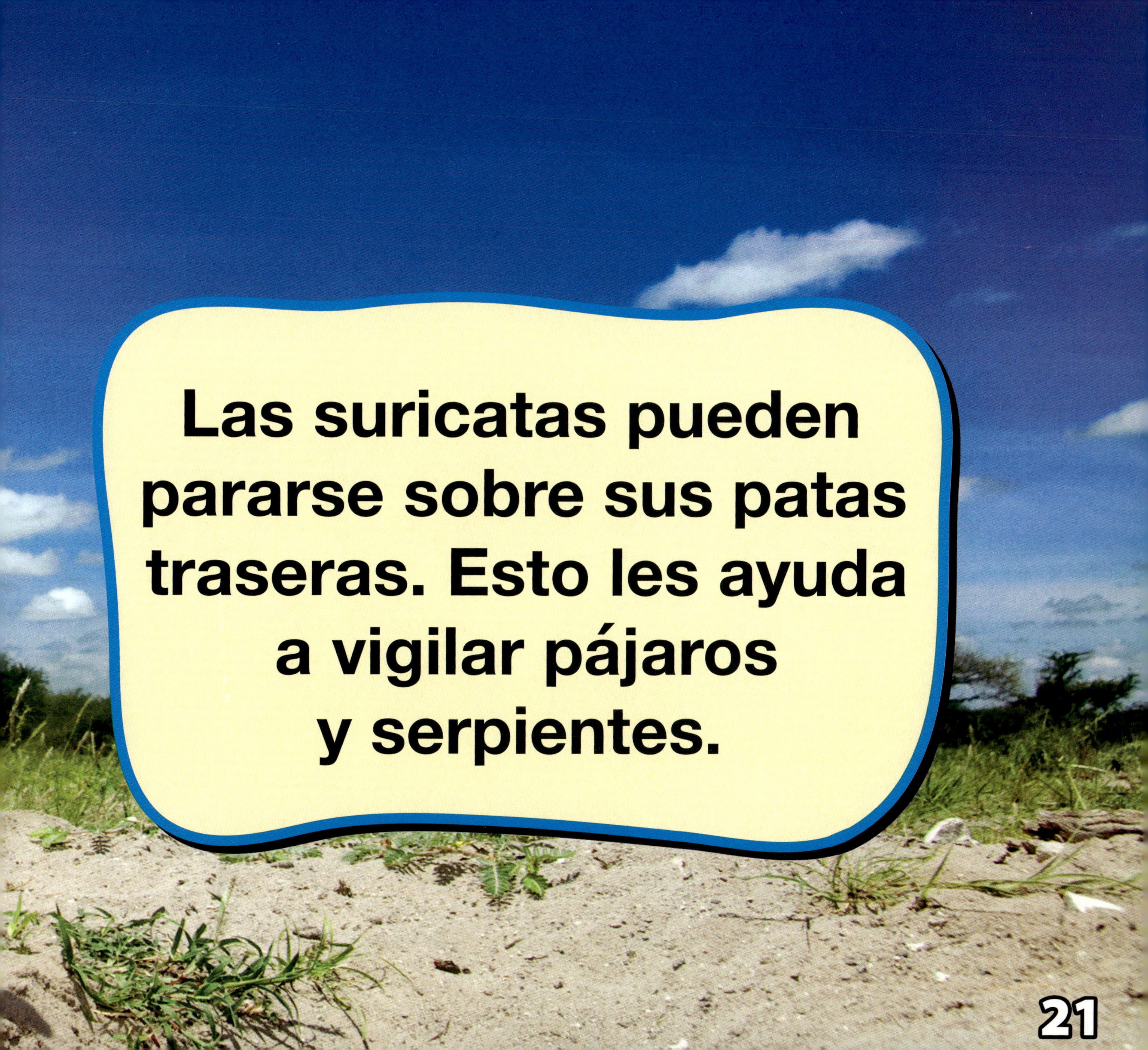

Las suricatas pueden pararse sobre sus patas traseras. Esto les ayuda a vigilar pájaros y serpientes.

SURICATAS EN NÚMEROS

Las suricatas pueden vivir por

años.

Las suricatas sólo dejan sus madrigueras durante el día.

Una suricata

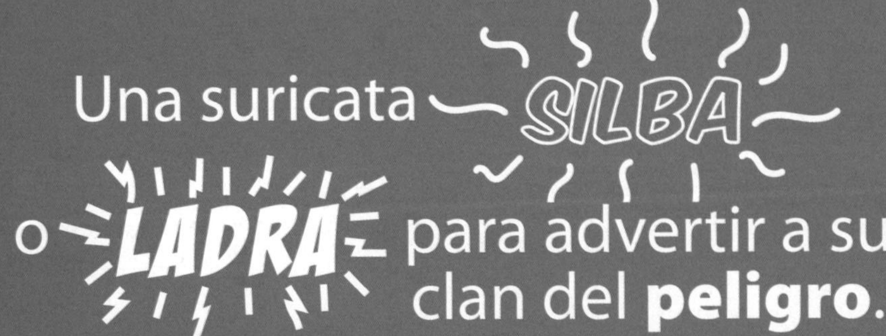

o para advertir a su clan del **peligro**.

En **cada** camada de suricatas nacen de **2** a **5** bebes.

Una **suricata** es aproximadamente del **mismo tamaño** que una **ardilla**.

El **COLOR** del **pelaje** de la suricata la ayuda a ocultarse de las **águilas.**

Las manchas oscuras bajo los ojos de una suricata actúan como **gafas de sol**.

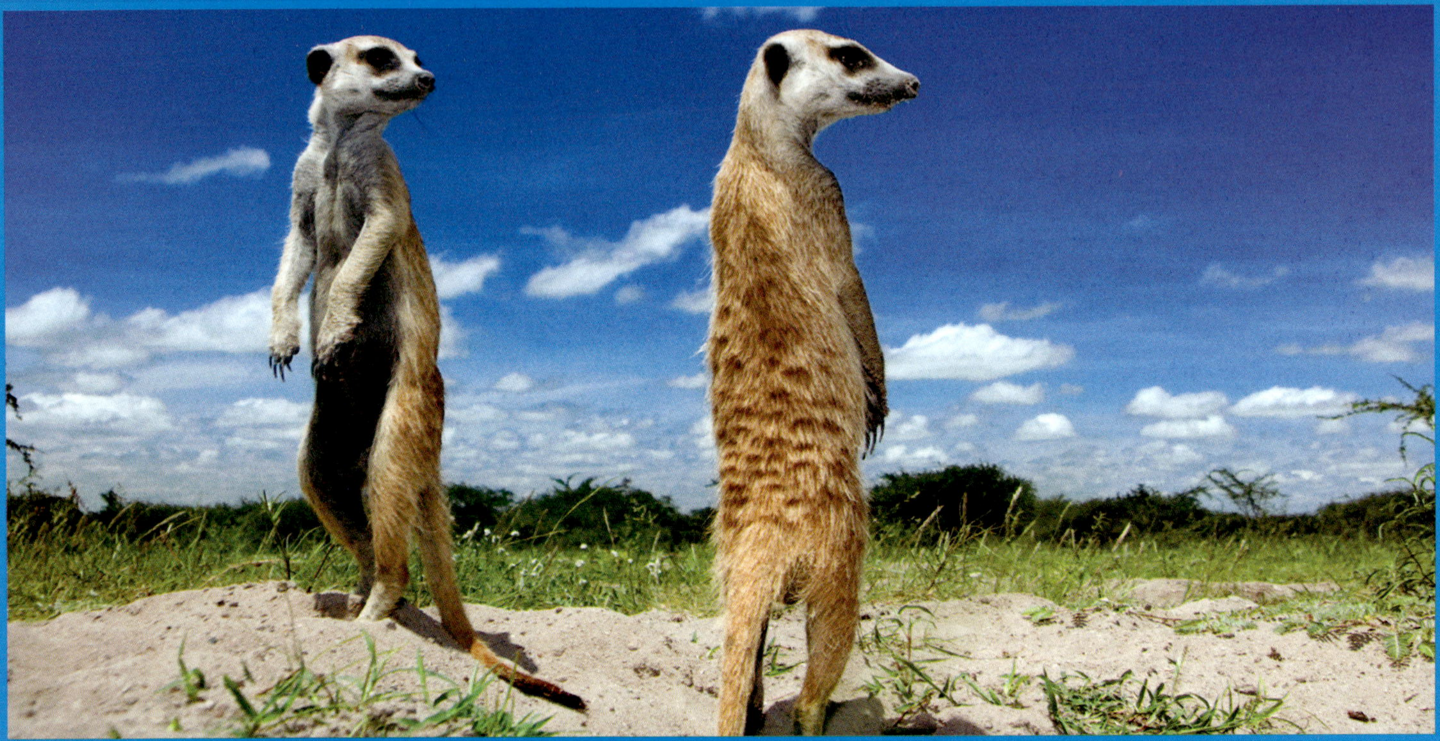

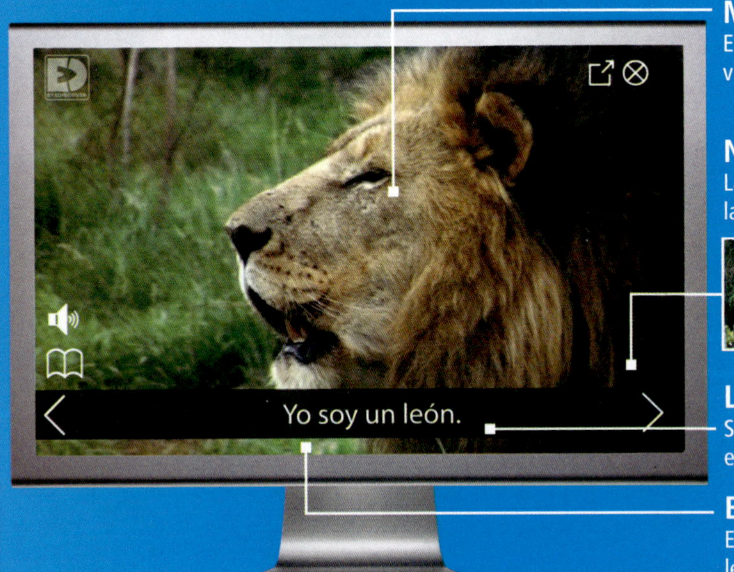

Mira
El contenido de video da vida a cada página.

Navega
Las miniaturas simplifican la navegación.

Lee
Sigue el texto en la pantalla.

Escucha
Escucha cada página leída en voz alta.

Ve a www.eyediscover.com e ingresa el código único de este libro.

CÓDIGO DEL LIBRO

AVP76476